빅뱅은 정말로 있었을까?

민음 바칼로레아 014

빅뱅은
정말로 있었을까?

알랭 부케 ㅣ 곽영직 감수 ㅣ 김성희 옮김

민음in

● 일러두기

1 본문 가장자리에 있는 사과 ● 는 이 책을 통해 반드시 이해해야 하는
   핵심 개념을 표시한 것입니다.

2 본문 아래쪽의 주는 독자들이 본문 내용을 쉽게 이해할 수 있도록 한국어판에 특별히 붙인 것입니다.

3 인명 및 지명 표기는 한글 맞춤법 통일안 및 외래어 표기 규정을 따랐습니다.

4 본문에 사용한 부호 및 기호의 뜻은 다음과 같습니다.

   ─ 전집, 단행본:『 』
   ─ 신문, 잡지:〈 〉
   ─ 개별 작품, 논문, 기사:「 」

차례

질문 : 빅뱅은 정말로 있었을까?

빅뱅을 믿어야 할까? 그렇게 놀라운 질문을 하다니! 물리학자에게 "전자가 존재하느냐?", 의사에게 "세균이 있는 것을 믿느냐?", 역사가에게 "나폴레옹이 정말 한때 생존했던 인물이냐?"라고 물어보는 사람이 있을까? 하지만 천문학자는 "빅뱅이 정말로 있었느냐?"라는 질문을 꾸준히 받는다. 게다가 다양한 증거를 들이대며 빅뱅의 존재를 아무리 열심히 설명해도 사람들은 실망하거나 여전히 못 믿겠다는 표정이다.

이집트의 라* 신화, 메소포타미아의 에누마 엘리시* 신화, 인도 브라흐만* 신화, 중국의 반고* 신화 등 어느 문명에서나 우주 창조에 관한 신화를 쉽게 찾아볼 수 있다. 사람들은 신화를 통해서라도 세계의 근원에 대한 답을 얻고 싶어 한다.

빅뱅 이론은 그러한 우주 창조 신화를 대부분 부정하기 때문에 사람들에게 거부감을 불러일으키곤 한다. 사실 너무나 정교하게 작동하는 우주의 균형과 조화를 생각해 볼 때, 우주가 그저 단순한 물리적 실체에 불과하다는 것을 인정하기는 쉽지 않다. 게다가 신화의 경우에서 보듯이 사람들은 우주의 기원이라는 문제를 우리 무의식 깊은 곳에서 삶에 의미를 부여하는 근원적인 힘과 잇닿아 있는 것처럼 여긴다. 그러므로 이 기원을 부정당할 때 사람들이 자신의 존재를 부정당하는 듯한 느낌을 받는 것은 당연할지도 모른다.

위대한 물리학자들조차 이런저런 과학적 근거를 내세우며 빅뱅 이론을 받아들이지 않으려 했던 시절이 있었다. 그러니 빅뱅 이론을 거부하고 우주를 물리적 실체가 아니라 또 하나의 신화 이야기로 받아들이고 싶어 하는 건 어쩌면 인간적인 것인지도 모른다. 그러나 밤하늘이 왜 어두운지 고민하던 하인리히

● ● ●

라 고대 이집트인들이 숭배한 태양신으로 '창조자' 라는 뜻이다. 하늘의 절대적 지배자인 태양에게 주어진 이름이다.
에누마 엘리시 메소포타미아 지방의 대표적인 서사시로, 고대 바빌로니아의 창조 신화가 담겨 있다.
브라흐만 인도의 창조 신화에 등장하는 우주의 신이자 창조의 신.
반고 중국의 창조 신화에 나오는 거인 신으로 우주의 알에서 태어났다.

올베르스˙는 뉴턴의 중력 법칙을 따르는 우주관을 뛰어넘었다. 아인슈타인은 상대성 이론을 발견해서 뉴턴 역학의 오류를 찾아냈지만 상대성 이론을 정적 우주˙에만 적용하는 고집을 부렸다. 그래서 알렉산드르 프리드만이 우주는 어떤 속도로 계속해서 팽창하고 있다는 것을 발견했을 때 자신의 실수를 인정해야 했다. 이처럼 우주론은 무수한 검증과 논란을 거듭하면서 조금씩 발전해 왔다. 오늘날 빅뱅 이론은 많은 논란을 이겨내고 우주의 기원과 구조, 구성을 과학적으로 설명하는 데 가장 성공한 이론으로 인정받고 있다.

빅뱅 이론은 은하˙들이 서로 멀어지고 있다는 사실에서 출발한다. 상대성 이론을 처음 발표할 당시, 아인슈타인이 이 이론으로 직접 우주를 설명한 것은 아니었다. 그러나 이 혁명적

● ● ●
하인리히 올베르스(1758~1840) 독일의 의사 겸 천문학자로 1823년 별들이 우주 공간에 일정하게 분포되어 있고 우주가 무한하다면 밤하늘은 결코 어두울 리가 없다는 '올베르스 역설'을 제기했다. 이 문제는 1929년에 허블이 '우주 팽창'을 발견함으로써 해결되었다. 팽창하고 있는 우주는 무한하지 않기 때문이다. 이에 대해서는 이 시리즈에 속해 있는 『밤하늘은 왜 어두울까?』를 참조하라.
정적 우주 아인슈타인이 1917년에 발표한 우주론으로 팽창하지도, 수축하지도 않는 우주를 말한다.
은하 수천억 개의 별이 모여 띠 모양을 형성한 거대한 천체 집단.

인 이론은 물리학만큼이나 우주론에도 큰 파장을 불러일으켰다. 1916년에 발표한 **일반 상대성 이론**은 시간과 공간의 상대성을 밝힌 특수 상대성 이론에 현실의 시공간, 즉 휘어진 시공간에 대한 중력 이론을 더한 것이다. 중력을 새롭게 해석한 일반 상대성 이론은 우주의 모든 지점이 균일하다면 은하들 사이의 거리는 시간이 지남에 따라 증가하거나 감소해야 한다고 말한다. 이 말이 무엇을 뜻하는지는 뒤에 가서 다시 살펴보도록 하자.

한편, **열역학**®의 관점에서 보면, 우주의 팽창은 온도의 저하를 뜻한다. 액체 공기를 만드는 실험은 이 원리를 이용한 것이다. 실험실에서 공기를 갑자기 팽창시키면 온도가 떨어지면서 공기는 기체에서 액체가 된다. 이는 팽창하는 우주에서 일어나는 것과 비슷한 현상이다. 반대로 공기를 압축시키면 온도가 올라가는데, 디젤 엔진에 점화 플러그가 없는 이유는 바로 이 원리를 이용하여 불꽃을 일으키기 때문이다.

따라서 은하들이 서로 멀어지고 있다는 사실로부터 우리는 우주가 처음부터 오늘날 우리가 보는 것과 똑같은 모습이었던

• • •

열역학 에너지, 열, 일, 엔트로피 등을 다루는 물리학의 한 분과.

것이 아니라, 온도와 밀도가 엄청나게 높았던 태초의 상태에서부터 계속 팽창하면서 차가워지고 있다는 것을 알 수 있다. 이것이 빅뱅 이론이 말하는 우주의 모습이다. 이것 말고 우주의 진화에 관련된 세부적인 내용은 하나하나의 다른 과정을 거쳐 밝혀진 일련의 사실들을 통하여 규명되었다. 그리고 이 사실들을 종합하여 우리는 우주의 역사 대부분을 재구성해 볼 수 있게 되었다.

그래서 현대 우주론은 암흑 물질●이나 암흑 에너지,● 인플레이션 우주론,● 양자 우주론● 등 근거는 다소 빈약하지만 우주를 설명하기에는 놀라울 만큼 잘 들어맞는 이론들을 빅뱅 이론에 접목하고 있다.

물론 이러한 접목의 성공 여부가 빅뱅 이론 자체에는 별다

● ● ●

암흑 물질 빛을 내지 않기 때문에 눈에 보이지 않지만 별과 은하 등 주변 물질에 대한 중력 효과로 그 존재를 추론할 수 있는 물질. 중성미자 등이 그 후보로 거론되고 있으나 아직까지는 실제로 확인된 바가 없다.

암흑 에너지 우주 전체 에너지의 70퍼센트 정도를 차지한다고 보이는 것으로, 중력과는 달리 우주의 팽창 속도를 가속화하는 것으로 추정되고 있다.

인플레이션 우주론 탄생 초기에 우주가 급격하게 팽창하는 인플레이션 단계가 있었다고 보는 우주론.

양자 우주론 우주와 물질의 탄생을 입자 물리학의 입장에서 설명하려는 우주론.

른 영향을 주지 않을 것이다. 그러나 빅뱅 이론은 처음 제기된 이래로 지금까지 끊임없이 논쟁거리였고, 이런저런 천문학적 사실들에 의해 여러 번 죽었다가 다시 살아나기를 반복해 온 만큼 이들에 대해서도 전혀 무심할 수만은 없다. 이 책에서 간략하게나마 이들 이론을 다루기로 한 것은 이 때문이다.

오늘날 빅뱅 이론이 어떻게, 왜 가장 성공적인 우주 탄생설로 인정받는지를 이해하기 위해 우주론의 과거를 회상해 보는 것도 가치 있는 일이다. 이 이야기에는 시간과 공간을 배경으로 우주론의 역사를 이끌어 온 인물들이 수없이 등장하는데, 특히 알베르트 아인슈타인, 조르주 르메트르, 조지 가모브, 프레드 호일을 주인공으로 꼽을 수 있다. 이 책에서는 위대한 물리학자들조차도 우왕좌왕할 수밖에 없었던 그 혼란스러운 과정을 먼저 살펴보고 난 뒤, 빅뱅 이론이 현재 어디까지 와 있으며, 천문학자들이 예견하는 미래에는 어떤 일이 일어날지를 알아볼 것이다.

1

빅뱅을
왜 믿어야 하는가?

빅뱅이란 무엇인가?

우주를 둘러싼 수수께끼를 풀기 위한 인류의 노력은 거의 수천 년을 거슬러 올라간다. 그러나 최근 100년 동안 우주론은 폭발적이면서도 비약적인 발전을 이룩했다.

빅뱅 이론은 은하들이 서로 멀어지고 있다는 사실, 그리고 지구에서 멀리 떨어진 은하일수록 방향에 관계없이 더 빠른 속도로 멀어진다는 사실에서 출발한다. 이 사실은 우주가 과거 어느 시점에는 한 점에 모여 있었음을 말해 준다. 빅뱅 이론에서는 이 순간을 태초라고 부른다. 우주는 태초의 대폭발, 즉 '빅뱅'으로부터 시작되었으며, 그 이후 계속 팽창하고 있다는 것이다. 이 말이 무엇을 뜻하는지 살펴보기로 하자.

일반 상대성 이론이란 무엇인가?

빅뱅을 이해하기 위한 기나긴 여정을 어디에서 출발할 것인가는 사람 나름이겠지만, 이 책에서는 알베르트 아인슈타인[*]의 일반 상대성 이론에서 출발할 것이다. 빅뱅이라는 생각은 일반 상대성 이론이 제기한 여러 가지 문제들을 해결하는 과정에서 나온 데다가, 일반 상대성 이론의 중력 개념을 이해할 때만 비로소 제대로 이해할 수 있기 때문이다.

일반 상대성 이론에서 아인슈타인은 **중력**을 기술하기 위하여 '휘어진 공간'이라는 개념을 도입한다. 이 개념을 직관적으로 이해하기는 쉽지 않은데, 이는 우리가 중력이 약한 공간, 즉 뉴턴의 중력 법칙이 작용하는 공간에서 살아가기 때문이다.

뉴턴은 중력을 한 물체가 다른 물체를 끌어당기는 힘이라고 정의한다. 이러한 정의에 따르면, 태양은 지구를 끌어당기고,

● ● ● ●

알베르트 아인슈타인(1879~1955) 독일 출생의 미국 이론 물리학자. 광양자설, 특수 상대성 이론, 일반 상대성 이론, 통일장 이론 등을 연구하여 갈릴레이와 뉴턴의 역학이 지배하던 물리학을 혁신하였다. 광전 효과와 이론 물리학 연구에서 쌓은 업적으로 1921년 노벨 물리학상을 수상했다. 사후에 미국에서 아인슈타인 상을 제정하여 해마다 2명의 과학자에게 상을 수여하고 있다.

공간이 휘어진다는 것은 고무판이 사과에 의해 아래로 움푹 파이는 것에 비유된다.

지구는 그 힘에 묶여 태양 주위를 돌고 있다. 지구 역시 태양을 끌어들이고 있지만 태양의 질량이 지구보다 월등하게 크기 때문에 지구의 중력이 태양에 끼치는 영향은 미미하다.

　그러나 뉴턴의 중력 법칙은 지구처럼 중력이 약한 곳에서만 성립한다. 지구 자체의 중력이나 지구상에서 작용하는 태양의 중력이 충분히 약하기 때문에 지구에 사는 우리에게는 뉴턴의 중력 법칙이 잘 들어맞는 것처럼 보일 뿐이다.

　일반 상대성 이론에서 중력은 힘이 아니라 질량을 가진 어떤 존재 때문에 생겨나는 시공간의 만곡을 뜻한다. 이때 '만곡'이란 휘어진 채로 움푹하게 파이는 것을 말한다. 예를 들어 보자. 공중에 아주 얇은 고무판이 하나 떠 있다고 할 때, 그 위에 사과를 올려 두면 고무판은 사과 모양대로 아래로 휘어지면서 움푹하게 파일 것이다. 일반 상대성 이론에서 말하는 '휘어진 공간'이라는 것은 일단 그렇게 이해해 볼 수 있다.

일반 상대성 이론은 우주를 어떻게 그릴까?

공간의 만곡, 즉 공간이 휜다는 것은 유클리드 기하학*의 공리들을 수정하도록 만든다.

사실 공간의 만곡이라는 개념은 그렇게 낯선 것이 아니다. 가령, 지구 표면을 떠올려 보자. 지구 표면은 평면인 것처럼 보이지만 실제로는 지구가 공 모양을 하고 있기 때문에 곡면으로 되어 있다. 따라서 한 여행자가 한 지점에서 출발하여 똑바로 4만 킬로미터를 걸으면 지구를 한 바퀴 돌아서 출발점으로 되돌아오게 된다. 이는 공간의 만곡을 보여 주는 간단한 예로, 2차

● ● ●

기하학 점, 선, 면, 입체 등이 만드는 공간 도형의 성질을 연구하는 학문. 고대 그리스 수학자 유클리드가 이전의 수학자들의 연구를 집대성하여 완성한 『기하학 원본』을 두고 일반적으로 '유클리드 기하학'이라고 한다. 가령, 삼각형 내각의 합은 180도라는 정리 같은 것이 그에 해당한다.

원 곡면 기하학을 통하여 쉽게 증명할 수 있다.

곡면 공간에서는 유클리드 기하학에서 말하는 삼각형 정리가 통하지 않는다. 곡면인 지구 표면에 거대한 삼각형을 그리면, 삼각형 내각의 합이 180도를 넘으니까 말이다. 따라서 이 사실로부터 우리는 지구 표면이 바깥으로 굽어 있으며, 양의 곡률*을 갖고 있음을 알 수 있다. 반면에 높은 산에 있는 골짜기는 음의 곡률을 갖고 있다. 거기에 삼각형을 그리면 내각의 합이 180도가 안 되기 때문이다.

일반 상대성 이론은 2차원 곡면에서 확인할 수 있는 이러한 개념들을 3차원 공간(공간에서 어떤 위치를 표시하려면 세 가지 요소를 필요로 하니까)에서, 그리고 더 나아가 시간까지 포함된 4차원적 틀에서 일반화하고 있다.

일반 상대성 이론에 따라 태양과 지구의 운동을 설명해 보자. 뉴턴의 중력 법칙과는 달리 일반 상대성 이론에서는 지구가 태양 주위의 궤도를 돌고 있다고 보지 않는다. 그보다는 태양이 주변 공간을 휘게 하고, 지구는 이 휘어진 공간 안에서 운동한다고 설명한다. 지구 자체는 앞으로 곧장 가고 있지만, 지

● ● ●

곡률 곡선이나 곡면의 굽은 정도를 나타내는 것.

구 표면 위를 똑바로 걸어가는 여행자처럼, 공간의 만곡 때문에 처음 출발점으로 돌아오게 될 뿐이라는 것이다.

1916년 아인슈타인이 일반 상대성 이론을 발표하기 전에 이미 뉴턴의 중력 법칙으로는 설명할 수 없는 천체 현상이 있었다. 19세기 중반에 프랑스의 천문학자 위르뱅 르베리에*가 수성을 통하여 관측한 바 있는 '근일점 이동' 현상이었다. 근일점이란 타원으로 되어 있는 행성의 궤도에서 태양에 가장 가까운 점을 말하는데, 르베리에는 수성의 근일점이 100년마다 574초* 씩 어긋난다는 사실을 발견한 것이다.

르베리에가 이 사실을 발견할 당시에는 그 이유를 설명할 수가 없었다. 뉴턴의 중력 법칙에 따른 계산 결과와 맞지 않았기 때문이다. 아인슈타인은 특수 상대성 이론에 중력을 통합한 일반 상대성 이론을 제시함으로써 비로소 이 문제를 해결할 수 있었다. 태양의 중력에 따른 공간의 만곡 때문이었던 것이다.

이와 함께 일반 상대성 이론은 태양 주위를 지나는 빛이 태

● ● ●

위르뱅 르베리에(1811~1877) 프랑스의 천문학자. 1843년 수성의 운동을 계산하여 운동 궤도 표를 작성하였으며, 1846년에는 천왕성의 섭동 현상으로부터 미지 행성의 위치를 추정하여 해왕성을 발견하는 데 혁혁한 공로를 세웠다.
초 각도를 나타내는 단위로 1도의 3600분의 1을 나타낸다. 기호는 ″ 이다.

양의 중력 때문에 휘게 된다고 예측했다. 질량이 없는 빛은 본래 공간 속을 똑바로 나아가지만 공간 자체가 휘어져 있으므로 결국 휘어질 수밖에 없다는 것이다. 이 사실은 아인슈타인이 일반 상대성 이론을 발표할 당시에는 관측되지 않았다. 그러나 1919년 일식에서 영국의 천문학자 아서 에딩턴*이 태양 주변에서 별빛이 아인슈타인이 예측한 각도로 휘는 현상을 관측함으로써 증명되었다. 에딩턴의 발견은 아인슈타인에게 승리를 가져다주었다. 그때부터 일반 상대성 이론은 엄청난 감탄의 대상이 되었으며, 그 수학적인 복잡함이 불러일으키는 경외심 때문에 한층 더 사람들의 탄복을 자아냈다.

하지만 미국의 물리학자 존 휠러*는 "물질은 그 주위의 시공에 어떻게 휘어져야 하는지를 지시하고, 휘어진 시공은 그

● ● ●

아서 에딩턴(1882~1944) 영국 천문학자이자 이론 물리학자. 항성의 내부 구조 등의 분야에서 많은 연구 업적을 남겼으며, 1919년 개기일식 때 태양의 중력에 의해 빛의 경로가 휘는 것을 관측함으로써 일반 상대성 이론을 검증해 냈으며, 1925년에 다시 백색왜성의 스펙트럼이 중력에 의해 이동하는 적색 편이를 관측하여 일반 상대성 이론의 토대를 굳건히 하였다.
존 휠러(1911~) 미국의 물리학자로 닐스 보어와 함께 원자 폭탄 개발에 이용되는 우라늄 235를 분리해 냄으로써 주목을 받았다. '블랙홀'이라는 용어를 처음으로 제시하였다. 핵 분열과 플루토늄 생산 기술에 관한 연구로 1968년 페르미상을 받았다.

속의 물질에 어떻게 움직여야 하는지를 지시한다."라고 하면서 일반 상대성 이론에는 수학적 복잡함 이상의 복잡함이 있다고 말한다. 물론 여기서 모든 문제는 '어떻게'라는 것에 달려 있다. 이 '어떻게'에 해당하는 문제가 바로 '질량들의 배치' 문제이다.

그렇다면 일반 상대성 이론은 따로 떨어진 하나의 질량이 아니라, 질량들의 배치라는 문제에 대해서 어떻게 설명하고 있을까? 이 질문에 대한 일반 상대성 이론의 답변은 수학적으로 대단히 복잡하기 때문에 이 작은 책에서 자세히 소개할 필요는 없으리라고 본다.

이 책에서는 오직 우주에 질량들이 균일하게 분포해 있는 경우만을 소개하기로 하겠다. 이런 경우에는 공간의 만곡이 거의 모든 지점에서 동일하게 나타나므로 아주 간단한 수식으로도 나타낼 수 있기 때문이다. 우주의 질량이 균일하게 분포하고 있을 때 아인슈타인의 방정식에 대한 풀이는 세 가지 유형으로 정리할 수 있다.

첫 번째는 공간의 만곡이 0인 상태이다. 이때 기하학은 평이한 3차원 기하학과 비슷하다.

두 번째는 공간의 만곡이 양의 곡률인 상태이다. 이 경우 기하학은 곧장 앞으로 가면 어떤 방향으로 가든지 상관없이 결국 처음 출발점으로 돌아오는 것처럼 구 표면과 비슷하다. 대신 그것을 3차원에서 고려한다.

세 번째는 공간의 만곡이 음의 곡률을 가진 상태이다. 이때 기하학은 산골짜기의 경우와 비슷하다. 역시 그것을 3차원에서 해석한다.

여기서 '비슷하다'는 표현을 쓴 깃은 작은 치이가 있다는 뜻이다. 공간의 기하학이 시간 흐름에 따라 달라지기 때문이다. 그러니까 공간의 만곡, 특히 서로 다른 지점들 사이의 간격은 시간이 흐르면서 변한다. 엄밀히 말하면, 그러한 간격 변화는 시공의 만곡에 대응한다.

그 4차원적인 상태를 시각화하는 것은 대단히 어려운 일에 속하지만 지구본을 이용하면 시공의 만곡에 대한 기본 개념을 얻을 수 있다. 지구본에서 두 경선˚ 사이의 거리는 적도에 가까울수록 커지다가 양극 쪽으로 갈수록 줄어든다. 두 경선 사이의 거리 변화는 지구 표면의 만곡과 직접 관계되어 있다. 만약 지구가 메르카토르 지도˚에서처럼 평평하게 생겼다면 경선들은 서로 평행을 이루고, 경선들 사이의 거리도 일정할 것이

● ● ●

경선 지구의 북극과 남극을 세로로 연결한 선.

다. 지구본과 메르카토르 지도는 만곡이 있는 경우와 없는 경우의 차이가 어떤 것인지를 잘 보여 준다.

물질 또는 에너지가 고르게 배치되어 있을 때 시공의 만곡이 시간의 흐름에 따른 간격의 변화로 표현된다는 것은 현대 우주론에서 가장 중요한 개념이다. 수축으로 나타날 수도 있고 팽창으로 나타날 수도 있는 그러한 간격의 변화는 시공 속에 존재하는 물질과 에너지의 양 및 그 성질에 의해 좌우된다.

여기서 간격의 변화 또는 공간의 팽창이 무엇을 뜻하는지는, 커다랗고 평평한 얇은 고무판을 조금씩 늘일 때 어떤 일이 벌어지는가를 보면 쉽게 이해할 수 있다. 고무판을 잡아당겨 늘이면 고무판 표면에 있는 모든 지점은 서로에 대하여 멀어진다. 비록 2차원이기는 하지만 이러한 현상을 일컬어 공간의 팽창이라고 할 수 있다. 다만 한 가지 명심해야 할 점은 고무판에서든 일반 상대성 이론에서든 팽창하는 것은 공간 자체일 뿐, 각 지점들이 움직여서 서로 멀어지는 것이 아니라는 것이다.

고무판 위에 개미들을 올려놓고 관찰해 보면 좀 더 쉽게 어

● ● ●

메르카토르 지도 지구에 외접하는 원통 면에 지구의 경선과 위선을 투영한 다음 펼친 것이다. 우리가 흔히 볼 수 있는 지도를 생각하면 된다.

떤 현상이 일어나는지를 유추해 볼 수 있다. 우선, 개미들이 움직이지 않는 경우를 가정해 보자. 그런 경우에도 고무판을 늘이는 동안에 개미들은 서로 멀어진다. 이것이 일반 상대성 이론에서 말하는 공간의 팽창 개념이다. 다음으로 개미들이 고무판에서 움직이는 경우를 생각해 보자. 그 움직임 역시 고무판이 늘어난다는, 즉 팽창이라는 전체의 움직임 속에서 이루어진다. 일반 상대성 이론의 우주론에서도 마찬가지 현상이 벌어지고 있다고 할 수 있다. 질량을 가진 물체들, 예를 들어 은하들의 고유한 움직임은 팽창이라는 전체 움직임에 더해서 이루어지는 것이다.

우주 원리란 무엇인가?

어느새 우리는 빅뱅 이론에 이르러 버렸다. 일반 상대성 이론을 물질과 에너지가 거의 균일하게 배치되어 있는 이상적인 우주에 적용한 직접적인 결과가 빅뱅 이론이기 때문이다. 물질과 에너지가 거의 균일하게 배치되어 있는 조건에서 우주의 기하학은 시간에 따라 변화하고, 따라서 우주 역시 시간에 따라 변화한다. 이러한 조건, 즉 우주가 거의 균일하다고 보는 이러한 생각을 **우주 원리**라고 부른다. 우주가 어떤 순간이든, 어떤 지점에서든 거의 균일하며, 거시적 규모에서 이 사실이 변화가 없어야 한다는 것이다. 이런 생각에 따르면, 우주 내에 특별한 장소란 존재하지 않고 모든 장소는 서로 별 차이가 없다.

그러나 실제로 우주는 그렇게 이상적으로 존재하지 않는다. 별들은 비어 있는 아주 거대한 공간을 사이에 두고 서로 떨어져 있으며, 수십억 개의 별들이 모여서 만들어지는 은하 역시 텅 빈 것처럼 보이는 넓은 공간을 가운데에 놓고 다른 은하와 떨어져 있다. 그러나 은하단의 차원에서 보면 공간의 균일성이 뚜렷히 관측된다. 기체의 경우에도 이와 비슷한 현상을 찾아볼 수 있다. 분자 차원에서 보면 기체는 전혀 동질적이지 않지만, 좀 더 큰 차원에서 보면 하나의 동질적인 유체˙로 다룰 수 있으니까 말이다. 따라서 우주 원리를 주장하는 천문학자는 1억 광년˙보다 더 큰 규모의 우주 차원에서 우주를 상상하고 있는 것이라고 할 수 있다.

● ● ●

유체 기체와 액체를 아울러 이르는 말.
1억 광년 여기서 1억 광년을 내세운 이유는 은하단들이 모여 만들어지는 초은하단의 크기가 1억 광년 이상이기 때문이다.

2

우주가 **팽창**한다는 것은
무슨 뜻일까?

우주의 바깥은 존재할까?

빅뱅 이론은 우주가 시간의 흐름에 따라서 팽창한다고 말한다. 이러한 주장은 우주가 더 넓은 어떤 공간 속에 놓여 있고, 그 안에서 팽창하는 것은 아닐까 하는 의문을 낳는다. 그러나 우주는 우주 그 자체로 존재하는 것이지 바깥은 있을 수 없다. 설사 우주 바깥에 무언가가 있어서 빛의 속도로 다가온다 하더라도 그것이 실제로 우리 눈에 도달할 때까지 걸리는 시간은 우주의 역사보다 더 길 수밖에 없다. 따라서 우리는 그것을 절대로 볼 수 없다.

앞에서 들었던 고무판의 예는 이와 같은 사실을 이해하는 데에는 별 도움이 못 된다. 고무판을 늘이면 고무판이라는 공간이 바깥 공간으로 팽창하는 것이 실제로 보이기 때문이다.

우주는 이와 다르다. 우주에는 바깥이 없다. 따라서 고무판이라는 세계 말고는 아무것도 모르는 개미처럼, 상황을 전적으로 우주 내부에 국한해서 분석해야만 한다. 우주 바깥에 있는, 우주가 거기로 확장할 수 있는 공간 같은 것은 필요 없다. 팽창이란 우주 내부에서 보기에 시간의 흐름에 따라 은하들 사이의 거리가 같은 비율로 증가하는 것을 말하는 것뿐이다.

사람들이 자주 빠지는 또 다른 함정도 있다. 우주가 팽창한다면 왜 지구와 태양 사이는 왜 서로 멀어지지 않을까? 은하나 별은 왜 점점 커지지 않을까?

앞에서 살펴보았듯이, 빅뱅 이론은 일반 상대성 이론을 물질과 에너지가 균일하게 배치되어 있는 이상적인 우주에 적용한 것이다. 그런데 은하 하나 정도에 해당하는 작은 규모에서는 물질과 에너지가 전혀 균일하게 배치되어 있지 않기 때문에 팽창이 일어나지 않는다. 하물며 태양계 정도에서야 말할 것도 없다. 우주 전체로 볼 때 태양계는 겨우 원자 크기에 지나지 않기 때문이다. 기체가 팽창할 때도 그 속에 있는 분자들의 크기는 변하지 않는다. 우주의 팽창은 물질 자체가 팽창하는 것이 아니라 물질 사이의 공간만 팽창하는 것으로 이해해야 한다.

빅뱅 이전에는 무엇이 있었을까?

빅뱅 이론을 이야기할 때 흔히 저지르는 또 다른 오해 중의 하나는 팽창의 중심을 정하려고 하는 것이다. 사람들은 수면에 이는 동심원의 중심을 추적하듯이 현재의 우주 공간 안에서 최초로 팽창이 시작된 지점을 찾아내려고 한다. 그러나 이는 빅뱅을 전혀 잘못 이해한 것이다.

여러 번 이야기했지만 우주 공간의 모든 지점은 균일하다. 특별한 역할을 하는 지점은 단 한 군데도 없다. 고무판의 예에서 이미 보았듯이, 팽창하는 것은 공간 전체이다. 글자 그대로만 보면 '빅뱅'이라는 말이 '대폭발'을 뜻하기 때문에 아주 오해하기 쉽지만, 공간의 어떤 지점에서 첫 번째 폭발이 일어나는 것은 절대 아니다. 팽창의 중심은 존재하지 않는다. 무엇인가 폭발하면서 그 파편들이 흩어지는 특정 지점 역시 존재하지 않는다. 폭발이라고 불리는 것이 있지만, 공간의 모든 지점에서 동일한 순간에 일어났을 뿐이다.

그렇다면 '동일한 순간'이란 도대체 언제일까? 시간을 거슬러 올라가면 우주의 크기는 계속 줄어드는데, 현재 우주의 행태에 근거하여 추론해 보면 약 150억 년 전에 그 크기가 0이라는 결과에 도달한다. 팽창 도중에 어디론가 사라지지 않았다

우주의 역사를 거슬러 올라가면 모든 물질과 에너지가
밀도와 압력이 무한대인 무한히 작은 어떤 크기 안에 압축되어 있는 특이점에 도달한다.

면, 150억 년 전에는 오늘날 관측할 수 있는 모든 물질과 에너지가 밀도와 압력이 무한대인 무한히 작은 어떤 크기 안에 압축되어 있었다는 말이다. 물리학자들은 이를 **특이점**이라고 부르며, 특이점에서는 어떠한 물리 법칙도 적용되지 않고, 어떠한 방정식도 의미가 없다고 생각하고 있다.

'특이점'이라는 말은 필연적으로 다음과 같은 질문을 불러들인다. '특이점'은 어떻게 만들어졌으며, 그 이전에는 무엇이 있었는가? 150억 년 전보다 이전에는 무슨 일이 있었을까?

일반 상대성 이론은 이러한 질문에 대하여 명확한 답을 제시한다. 서양 중세의 철학자 아우구스티누스˚는 시공간은 신이 창조한 세계의 성질이라고 말했는데, 일반 상대성 이론 역시 똑같이 대답한다. 특이점은 공간의 시작인 동시에 시간의 시작이다. 따라서 시간이 존재하지 않았기 때문에 그 이전이라는 문제는 의미가 없다. 지구 차원에 비유해 보면, '북극의 북쪽에는 무엇이 있느냐?'라고 질문하는 것과 같다.

● ● ●

아우구스티누스(354~430) 북아프리카 타가스테(지금의 알제리) 태생의 신학자이자 철학자. 신이 인간을 무에서부터 끌어낼 수 있고, 유한성으로부터 해방시킬 수 있다고 생각했다. 저서에 『고백론』, 『신국론』 등이 있다.

빅뱅 이론이 말하는 것은 무엇일까?

빅뱅 이론은 '우주가 왜 시작되었을까?' 라는 질문에 아무 답도 제시하지 않는다. '또 다른 우주가 존재할까?' 나 '우주가 현재와 달라질 수도 있었을까?' 같은 질문에서도 답하지 않는다. 이러한 형이상학적 질문이나 초기 특이점 같은 문제에 접근하려면 다양한 이론을 통하여 빅뱅 이론을 보완해야 한다.

현재 많은 물리학자들은 일반 상대성 이론을 양자 역학*에도 적용할 수 있도록 수정하는 노력을 하고 있다. 그렇게 해서 더 보완된 이론이 나올 경우 빅뱅 이론이 해결하지 못하는 질문들에도 답할 수 있으리라는 것이다. 어쨌든 빅뱅 이론 자체가 말하는 것은 우주가 수십억 년 전부터 팽창하면서 식어 가고 있다는 것, 이 한 가지 사실뿐이다.

● ● ●

양자 역학 전자, 양성자, 중성자 등 원자 이하의 입자들을 대상으로 하는 물리학. 일반 상대성 이론의 물리 법칙이 거시적인 세계에 적용된다면 양자 역학의 물리 법칙은 미시 세계에 적용된다. 현재로서는 이 두 이론은 서로 조화가 되지 않는다.

3

빅뱅 이론은 어떻게
승리했을까?

아인슈타인 우주는 어떻게 생겼을까?

1917년 아인슈타인은 대담하게도 일반 상대성 이론을 이용하여 우주 전체에 적용할 수 있는 하나의 **우주론**을 만들겠다고 나섰다.

당시 사람들은 태양계 너머의 우주가 어떻게 생겼는지에 대한 개념이 별로 없었다. 심지어 수많은 별들이 불분명한 경계를 이룬 채 모여 있는 은하수를 우주와 동일시하기도 했다. 또 은하수 속의 별들은 초당 수십 킬로미터 정도의 아주 느린 속도로 무질서하게 이동하는 것처럼 생각했으며, 그 밀도도 거의 균일하다고 보았다. 이러한 생각을 받아들여서 아인슈타인은 우주를 멈춰 있는 하나의 균일한 기체로 보고, 별을 그 기체의 분자라고 가정하는 정적 우주 모델을 만들었으며, 그 결과 상당히 단순화된 방정식을 정립할 수 있었다.

하지만 여기에는 한 가지 심각한 문제가 있었다. 아인슈타인이 정립한 방정식은 아인슈타인 자신이 생각한 우주의 모습을 따라서는 풀리지 않는다는 것이었다. 그렇다면 우주란 수학적으로 해석할 수 없는 것일까?

아인슈타인을 곤경에 빠뜨린 것이 무엇인지는 돌멩이 하나만 있으면 이해할 수 있다. 아인슈타인이 내세운 방정식이 지구 중력장* 안에서 돌멩이의 움직임을 기술하는 방정식과 비슷하기 때문이다.

지구의 중력장 안에서 임의의 돌멩이를 던졌을 때, 그 돌멩이의 속도가 아래쪽을 향하고 있으면 돌멩이는 더 빨리 떨어진다. 반대로 돌멩이의 속도 방향이 위쪽을 향하고 있으면 돌멩이는 얼마간 올라가다가 다시 떨어진다. 한 가지 예외가 있다면 돌멩이의 속도가 초속 11킬로미터*를 초과하는 경우로, 이때 돌멩이는 지구 밖으로 나가게 된다. 그러나 어떤 경우든지간에 돌멩이가 정지 상태로 허공에 머물러 있는 해*는 존재하

● ● ●

중력장 중력의 영향이 미치는 공간.
초속 11킬로미터 지구의 중력을 완전히 벗어날 수 있는 지구 탈출 속도. 이 속도를 유지하면 지구 밖으로 나갈 수 있다.

지 않는다.

아인슈타인을 고민하게 만든 것도 이와 똑같은 문제였다. 만약 공간이 수축하고 있다면 수축은 점점 더 빨리 이루어질 것이다. 반대로 만약 공간이 팽창한다면 공간은 얼마간 팽창하다가 다시 수축할 것이다. 팽창 속도가 무한히 계속될 만큼 빠른 경우는 예외이다. 하지만 우주 공간이 정적인 상태로 머물러 있는 해는 어떻게 해도 구할 수가 없었다.

오늘날 우리는 빅뱅 이론에 따라서 우주가 정적이지 않고 팽창하고 있음을 알고 있다. 그러나 아인슈타인은 당시에 우주가 정적인 상태에 있다고 굳게 믿었기 때문에 정적 우주 모델을 아예 포기하기보다는 그것을 수정하려고 했다.

프리드만은 어떻게 정적 우주를 넘어섰을까?

돌멩이를 던지는 실험을 다시 떠올려 보자. 아인슈타인이 예측한 대로, 돌멩이를 공중에 떠 있게 하려면 어떻게 해야 할

● ● ●

해(解) 수학에서 방정식이나 부등식을 성립하게 하는 미지수의 값.

까? 돌멩이를 아래로 끌어당기는 중력을 정확하게 상쇄시키는 어떤 힘이 있어서 돌멩이를 위로 밀어 올린다면 가능할 것이다.

아인슈타인은 일반 상대성 이론에 그 힘을 추가함으로써 자기 이론을 수정했다. 이렇게 해서 등장한 반(反)중력의 힘이 척력[*]이다. 아인슈타인은 척력 역시 시공의 만곡으로 해석할 수 있으며, 이때 만곡은 우주 안에 있는 물질에는 전혀 영향을 받지 않는 불가사의한 에너지 때문에 생겨난다고 설명했다. 아인슈타인은 이 에너지에 **우주 상수**라는 이름을 붙였다. 그에 따르면, 우주 상수는 공간 안에 균일하게 퍼져 있으면서 공간의 팽창 정도에 상관없이 일정한 밀도를 갖는 에너지로, 이 값만 계산에 포함하면 척력과 인력이 정확히 상쇄되도록 만들어졌다. 이렇게 해서 우주는 아인슈타인이 믿는 대로 정적 우주가 되었고, 빅뱅 이론은 부화도 되지 못한 채 사라질 운명에 처했다.

그런데 1922년 러시아의 젊은 수학자 알렉산드르 프리드만[*]은 일반 상대성 이론을 정확하게 적용할 경우, 우주는 팽창하

• • •

척력 물체 사이에 서로 밀어내는 힘.
알렉산드르 프리드만(1888~1925) 러시아의 수학자이자 기상학자. 아인슈타인은 우주의 수축이나 팽창을 막기 위해 우주 상수를 도입했지만, 이것이 0인 경우의 해를 구하지 못했다. 프리드만은 이것을 풀어 우주가 팽창한다는 것을 알아냈다.

거나 수축할 수밖에 없음을 증명해 냈다. 아인슈타인은 프리드만의 주장을 강력하게 부인했고, 정적 우주 모델을 확신한 나머지 그의 계산 결과를 받아들이지 않으려 했다. 나중에는 프리드만의 계산이 옳았으며, 프리드만이 현대 천문학 발달에 탁월한 업적을 남겼다는 사실을 강조하긴 했지만 말이다.

프리드만은 일반 상대성 이론의 수학적 매력에 푹 빠져 있었다. 하지만 아인슈타인과 달리 그는 천문학에는 별로 관심이 없었기 때문에 정적 우주를 가정할 이유가 전혀 없었다. 정적 우주 모델만 버리면 아인슈타인의 방정식을 푸는 방법이 얼마든지 있었다. 프리드만은 만곡이 양의 곡률로 나타나는 풀이뿐만 아니라 음의 곡률로 나타나거나 0인 풀이 방식도 존재한다는 것, 그리고 물질 사이의 거리 역시 시간과 함께 증가하거나 감소할 수 있으며 어떤 경우에는 두 가지 가능성 사이를 번갈아 오갈 수도 있음을 증명해 보였다. 이 모든 것은 물질과 에너지의 배치에 달려 있었다. 프리드만은 우주가 엄청난 고밀도 상태에서 시작해 점차 팽창하면서 밀도가 낮아졌음을 보여 주었다. 프리드만에 따르면, 우주는 정적인 것이 아니라 진화하고 있으며 과거의 모습은 현재의 모습과 다르다. 한편, 그는 '우주의 시작'이라는 말을 씀으로써 초기 특이점의 가능성도 예견했다.

르메트르는 어떻게 우주의 팽창을 증명했을까?

빅뱅 이론은 천문학의 급격한 발달에 의해 탄생되었다.

1915년 '현대의 코페르니쿠스' 라고 불리는 미국의 천문학자 할로 섀플리*는 태양이 우리 은하의 중심이 아니라 그 한 끝에 따로 떨어져 있는 별이라는 사실을 증명하였으며, 그로부터 우리 은하계의 크기를 계산해 내는 데 성공했다.

1924년 미국의 천문학자 에드윈 허블*은 대형 망원경으로도 흐릿하게만 보이는 **성운**의 성질을 두고 그동안 천문학자들이 벌였던 논란을 끝냈다. 성운이 우리 은하에서 멀리 떨어져 있는, 우리 은하와 유사한, 거대한 별들의 집단이라는 사실을 증명한 것이다.

갑자기 우주는 사람들이 상상했던 것보다 훨씬 광대한 것으로, 즉 수십억 개의 은하들로 가득 차 있는 것으로 보이기에 이

● ● ●

할로 섀플리(1885~1972) 미국의 천문학자. 우리 은하와 구상 성단 사이의 거리를 측정함으로써 태양계가 우리 은하의 중심이 아니라는 것을 발견했고, 은하계의 위치와 크기를 추정해 냈다.
에드윈 허블(1889~1953) 미국의 천문학자. 미국 캘리포니아에 있는 윌슨 산 천문대에서 광학 망원경을 이용하여 우리 은하 밖에도 많은 은하가 존재하며, 그 은하들이 우리 은하에서 점점 멀어지고 있다는 사실을 밝혀냈다.

허블은 성운이 우리 은하에서 멀리 떨어져 있는 거대한 별들의 집단이라는 것을 발견했다.

른다. 그렇다고 해서 정적 우주라는 개념이 완전히 사라진 것은 아니었다. 천문학자들은 새로운 발견에 맞추어 그때까지 단일 은하만을 전제로 했던 우주 모델을 확장해 새로운 정적 우주 모델을 만들었다. 이는 별로 어려운 일이 아니었다. 우주의 규모에 맞추어서 별을 은하로 바꾸기만 하면 되니까 말이다.

정적 우주라는 개념에 결정적인 타격을 가한 것은 오랜 세월에 걸쳐 은하들의 움직임을 측정해 왔던 미국의 천문학자 비스토 슬라이퍼*였다. 그는 분광학*을 이용하여 두 가지 아주 놀라운 연구 결과를 내놓는다. 하나는 은하들이 1초에 수천 킬로미터씩 매우 빠른 속도로 움직인다는 것이었고, 또 하나는 대부분의 은하들이 우리 은하에서부터 점점 멀어지고 있다는 것이었다. 이를 좀 더 자세히 살펴보자.

원자는 매우 뚜렷한 파장, 즉 고유한 **선 스펙트럼**을 가진 빛을 내놓는다. 예를 들어, 수소가 내는 빛과 나트륨이 내는 빛이 다르기 때문에 스펙트럼에 나타나는 선은 바코드에 찍혀 있는

• • •

비스토 슬라이퍼(1875~1969) 미국의 천문학자. 나선 성운으로 알려진 천체들을 관측하다가 별빛의 적색 편이를 발견했다.
분광학 어떤 물질을 통과한 빛을 분광기를 이용해 스펙트럼으로 나누어 측정, 해석함으로써 그 물질의 성질을 연구하는 분야.

| 스트론튬 | 알루미늄 | 나트륨 |

원자는 고유의 선 스펙트럼을 가진 빛을 내놓는다.

원자들의 서명이라고 볼 수도 있다. 그런데 때때로 스펙트럼 위의 모든 선이 정상 위치를 벗어나 더 긴 파장이나 더 짧은 파장 쪽으로 옮겨갈 때가 있다. 모든 선이 그렇게 이동하는 것은 광원이 관찰자에게서 가까워지거나 멀어질 때 발생한다. 정확히 말하면, 스펙트럼 위에서 선들이 일제히 이동하는 것은 광원의 속도에 따르며, 군사용 레이더에서 많이 사용되는 **도플러 효과**와 관계가 있다. 광원이 우리에게서 멀어질 경우에는 스펙트럼 위의 모든 선들이 파장이 더 긴 붉은 쪽으로 이동하는 것을 볼 수 있다. 이를 **적색 편이**라고 한다. 반대로 광원이 우리에게 가까워질 경우에는 모든 스펙트럼이 파장이 짧은 푸른색 쪽으로 이동하여 나타난다. 이를 **청색 편이**라고 한다.

 사진을 일일이 찍어서 관측하던 시절에 그러한 편이를 측정하는 것은 몇 날 며칠 밤을 지켜봐야 하는 몹시 지루한 일이었다. 밝은 은하 하나만 조사한다고 해도 그렇다. 하지만 슬라이퍼는 10년 이상을 끈기 있게 측정 결과들을 모아 가면서 대부분의 은하들이 적색 편이를 보인다는 것을 확인해 냈다. 1915년에는 15개 은하 중 11개에서, 1924년에는 41개 은하 중 36개에서 적색 편이를 관측해 낸 것이다. 청색 편이를 보이는 은하들은 안드로메다 은하처럼 우리 은하 가까이에 있는 것들뿐이었다. 이는 전혀 예상치 못했던 결과였다.

천문학자들을 정말 당황하게 만든 것은 1929년 허블이 발표한, 은하의 적색 편이와 그 거리(은하와 지구 사이의 거리)가 서로 관련되어 있으며, 멀리 있는 은하일수록 적색 편이가 더 커진다는 사실이었다. 편이 정도는 은하의 거리에 비례했고, 게다가 편이와 거리 사이의 비율은 모든 방향에서 똑같았다. 그 비율을 **허블 상수**라고 하며, 편이와 거리 사이의 상호 관계를

● ● ●

도플러 효과 1842년 도플러가 음향 현상을 연구하다가 발견한 것으로, 다가오는 기차의 소리는 크고 높게 들리는 반면, 멀어지는 기차의 소리는 작고 낮게 들리는 현상을 말한다. 다가오는 물체에서 나오는 소리는 파장이 짧아져서 실제보다 높은 음으로 들리고, 멀어지는 물체에서 나오는 소리는 파장이 길어지면서 실제보다 낮은 음으로 들리기 때문에 이런 일이 벌어진다. 이는 빛에도 똑같이 적용되는데, 빠른 속도로 멀어지는 물체가 내뿜는 빛은 파장이 길어지고, 다가오는 물체가 내뿜는 빛은 파장이 짧아지게 된다.

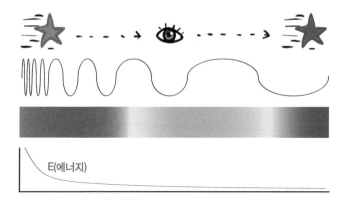

광원이 우리에게서 멀어지면 스펙트럼이 파장이 긴 붉은빛 쪽으로 이동하며,
반대로 광원이 우리에게로 다가오면 스펙트럼이 파장이 짧은 청색 쪽으로 이동한다.

허블의 법칙이라고 한다. 그렇다면 이러한 사실을 어떻게 해석

해야 할까?

1927년 벨기에의 물리학자 르메트르°는 프리드만의 연구를

전혀 모르는 상태에서 우주의 수축이나 팽창이 일반 상대성 이

론의 불가피한 특징이라는 사실을 발견한다. 프리드만과 같은

● ● ●

조르주 르메트르(1894~1966) 벨기에의 천문학자이자 우주학자. 아인슈타인의
일반 상대성 이론과 일치하는 우주 모델을 만들다가 우주가 팽창한다는 사실을 발
견하여 현대 빅뱅 이론의 기초를 마련했다.

결론에 이른 것이다. 르메트르는 우주의 만곡과 우주에 들어 있는 물질과 에너지에 따라 가능한 모든 해답을 분류하여 보여 주었다. 물론 그 역시 아인슈타인의 이해는 얻지 못했다. 그러나 프리드만과는 달리 르메트르는 물리학자이면서도 새로 발견된 천문학적 사실에 밝았고, 앞에서 말한 은하들의 놀라운 움직임을 자신의 우주 모델에 연결할 줄도 알았다. 르메트르는 은하들이 적색 편이를 보이고, 그 편이 정도가 은하의 거리에 비례하는 것은 우주가 팽창하고 있기 때문이라고 주장한다.

르메트르에 따르면, 멀리 있는 광원에서 나오는 빛은 우리에게 도달하기까지 시간이 걸리므로 우리가 보는 빛은 실제로는 그 빛의 과거 모습에 지나지 않는다. 그런데 광원이 점점 더 멀어진다면 빛이 도달하는 시간도 더 오래 걸리게 되고, 가까웠을 때 우리가 보는 빛과 멀어진 후 우리가 보는 빛이 차이를 드러낸다. 다시 말해 원자가 최초로 빛을 내놓을 당시보다 더 긴 파장을 보이는 것으로 나타난다. 먼 거리를 지나올수록 파장이 더 길어지기 때문이다. 따라서 현재보다 두 배 가까이에 있던 별, 즉 현재는 두 배 멀어진 별에서 나온 빛은 두 배 더 길어진 파장으로 우리에게 도착하고, 따라서 푸른빛에서 붉은빛 쪽으로 옮겨가게 된다.

물론 이러한 설명은 잘못되었다. 적색 편이는 거리에 따라 달라지는 게 아니라 광원의 속도에 따라 달라지기 때문이다. 그러나 당시 르메트르에게 도플러 효과나 은하의 속도 같은 것은 알 바가 아니었고, 그저 적색 편이가 우주의 팽창을 나타내는 증거라는 것으로 충분했다. 그렇게 해서 그는 슬라이퍼가 측정한 은하의 편이와 허블이 측정한 은하의 거리를 이용하여 허블보다 2년 빨리 그 둘의 비례 관계를 통하여 우주의 팽창 속도를 측정해 낸다.

한편, 이 무렵 과학자들은 원자를 설명하기 위하여 양자 이론을 만드는 데 열을 올리던 시기이기도 했다. 르메트르 역시 양자 이론을 이용하여 자신의 우주론을 증명하려고 했다. 프리드만과 마찬가지로 르메트르는 우주가 팽창하는 중이라면 과거로 거슬러 올라갈수록 우주의 크기가 점차 줄어들어 우주의 모든 물질이 하나의 작은 원자 안에 들어 있던 시기에 이를 것이라고 가정했다. 르메트르는 이를 원시 원자라고 불렀다. 그리고 현재의 우주는 이 원시 원자가 폭발하면서 팽창하여 이루어진 것이라고 주장했다. 물론 르메트르가 말하는 원시 원자는 태양의 30배 정도 크기로 양자 이론이 적용되기에는 너무 컸다. 하지만 하나의 원자 우주를 가정한 이 혁명적인 생각은, 60여 년이 지난 지금 무한히 큰 것을 다루는 물리학과 무한히 작은 것을 다루는 물리학을 묶어서 설명하려고 애쓰는 천체 입자 물리학으로 발전되었다.

적색 편이가 우주 팽창의 결과라는 르메트르의 설명에 귀를 기울이는 천문학자는 거의 없었다. 당시에는 거의 모든 천문학자들이 우주의 화학 원소를 조사하고, 별의 움직임을 이해하고, 은하의 구조를 규명하는 데 여념이 없었기 때문이다. 게다가 르메트르와 허블이 측정한 우주 팽창 속도는 너무나 **빨랐다.** 두 사람의 계산에 따르면 우주가 현재의 모습이 이를 때까지 20억 년도 채 걸리지 않았다. 그러나 지구의 나이는 그보다 훨씬 길다는 것이 이미 알려져 있었다. 르메트르는 아인슈타인의 우주 상수를 다시 도입해서 그러한 모순을 해결해 보고자 했지만, 거기에 동의하는 사람은 아무도 없었다. 그렇게 해서 빅뱅 이론은 또다시 역사 속으로 사라지고 만다.

가모브는 어떻게 태초의 우주를 설계했을까?

몇 년 뒤 과학자들은 허블이 은하 사이의 거리를 너무 가깝게 잡았으며, 따라서 우주의 나이를 상향 조정할 필요가 있다는 것을 발견했다. 빅뱅 이론이 부활할 수 있는 좋은 기회를 맞은 것이다. 하지만 실제로 빅뱅 이론이 부활한 것은 물리학자들이 우주의 팽창이 우주 온도의 저하를 가져온다는 사실에 주목하면서부터였다. 이 사실은 그다지 새로운 것이 아니었다. 열역학 법칙에 따라, 물리학자들은 기체가 팽창하면 온도가 떨어지고, 압축되면 온도가 올라간다는 것을 잘 알았으며, 공업에서는 이미 이러한 원리가 폭넓게 이용되고 있었다.

일반 상대성 이론에 열과 온도의 개념이 도입되기까지는 시간이 조금 걸렸다. 하지만 이 원리가 일단 일반 상대성 이론에 적용되자 원시 우주가 밀도와 온도가 매우 높은 상태였다는 것, 특히 첫 1분 동안은 10억 도가 넘는 온도였다는 사실이 명확해졌다. 그리고 그러한 우주의 상태는 현재의 우주에 그 흔적을 남겼을 것이라는 추론을 가능하게 만들었다. 빅뱅 이론의 가치를 판단하려면 그 흔적을 찾아보면 된다는 말이었다.

이제 또 다른 천재 물리학자인 조지 가모브˙가 등장할 차례였다. 가모브는 우크라이나에서 태어나서 미국으로 망명한 핵물리학자로, 원자핵 융합 분야의 전문가이다.

● ● ●

조지 가모브(1904~1968) 우크라이나 태생의 미국 물리학자. 우주 공간의 핵융합 반응에 관하여 수많은 업적을 냈다. 1948년 제자인 랠프 알퍼와 함께 원소들이 빅뱅의 에너지를 이용하여 탄생했다는 것을 밝혀냈으며, 1964년에는 펜지어스, 윌슨과 함께 최초로 우주 복사를 발견하기도 했다.

잘 알다시피 자연 상태에서 발견되는 원소는 가장 가벼운 수소에서 가장 무거운 우라늄까지 92개에 이른다. 원자의 핵은 양성자와 중성자라는 두 가지 성분으로 구성되어 있으며, 양성자와 중성자의 수는 원소에 따라 달라진다. 원자 중에서 가장 가볍고 가장 단순한 구조를 가진 것은 수소이다. 철의 원자핵은 양성자 26개와 중성자 30개로 이루어져 있지만, 수소의 원자핵은 양성자 1개로만 이루어져 있다. 수소 다음으로 간단한 원소는 헬륨으로 헬륨의 원자핵은 양성자 2개와 중성자 2개로만 이루어져 있다.

천체 물리학자들은 분광학을 이용하여 태양이 수소 92퍼센트와 헬륨 8퍼센트로 이루어져 있으며, 탄소, 질소, 산소, 철은 아주 조금밖에 들어 있지 않다는 것을 알아냈다. 다른 별도 그 구성 성분은 크게 다르지 않다. 별과 별 사이의 공간을 채우고 있는 엷은 기체 구름도, 은하와 은하 사이의 텅 비어 보이는 공간도 마찬가지이다. 우주 공간 어디에서나 수소와 헬륨이 압도적으로 많다. 무거운 원자핵을 가진 원소는 잘 보이지 않는다. 게다가 무거울수록 더 드물게 나타난다.

가모브는 이 사실에 주목하여 왜 우주가 이렇게 이루어져 있는가를 해명했다. 그는 우주를 일종의 블록 쌓기라고 보았다. 수소라는 가장 간단한 블록에서 시작해 블록을 여러 개 조합할수록 점점 더 조립하기 어려워지는 블록 쌓기 말이다.

가모브는 무거운 원자핵은 핵융합 과정을 통하여 가벼운 원자핵으로부터 만들어지며, 핵융합이 일어나려면 엄청나게 높은 온도를 필요로 한다는 사실을 잘 알고 있었다. 1946년 그는 핵융합 조건으로 미루어 보건대, 우주는 첫 몇 분 동안 아주 고온이었으리라는 가설을 세운다. 우주 전체에서 수소와 헬륨이 가장 많이 나타나는 이유는 탄생으로부터 몇 분이 지난 후에는 우주의 온도가 핵융합 반응을 일으키기에 너무 낮아졌기 때문이다. 철이나 우라늄과 같은 복잡한 구조의 원자핵을 만들어 낼 틈도 없이 수소나 헬륨과 같은 단순한 구조의 원자핵만 많이 만들어 내고 핵융합 반응이 멈추게 된 것이다.

가모브는 제자인 랠프 알퍼˚와 함께 원소의 기원에 대한 이 가설을 검토했는데, 타고난 유머 감각을 발휘하여 동료 한스 베테˚ 역시 논문 저자 이름에 포함시켰다. 알파-베타-감마(알

● ● ●

랠프 알퍼(1921~) 미국의 천체 물리학자로 조지 가모브의 제자이다. 우주의 기원 및 초기 진화에 대하여 많은 업적을 쌓았다. 1948년 가모브와 함께 알파-베타-감마 논문을 발표했으며, 이후 로버트 허먼과 함께 초기 우주의 핵융합 개념을 발전시켜 이를 빅뱅 이론에 통합했다. 한편, 초기 우주의 흔적인 우주 배경 복사의 존재를 예견하기도 했다.

퍼, 베테, 가모브) 논문[*]이라고 불리는 이 논문, 「화학 원소의 기원」이 발표된 것은 1948년 4월 1일의 일이었다.

이 논문은 우주가 먼 과거에 고밀도에 고온 상태였다고 보는 현대 빅뱅 이론의 출생 증명서라고 할 수 있다. 한편 자연상태에서는 단순한 구조의 원소에서 복잡한 구조의 원소로 갈수록 양이 줄어든다는 사실을 발견하여 빅뱅 이론의 새로운 증거를 제시하는 역할도 했다.

하지만 가모브의 이론은 나오자마자 다른 학자들로부터 신랄한 비판을 받았다. 가모브는 핵융합 연쇄 반응을 통해 가장 단순한 원자핵에서부터 출발해서 모든 원자핵이 만들어졌다고 주장했는데, 이는 사실에 들어맞지 않았기 때문이다. 수소로부터 핵융합 반응을 통하여 가벼운 원자핵(헬륨, 리튬, 베릴륨, 붕

● ● ●

한스 베테(1906~2005) 독일 태생의 미국 핵물리학자. 1938년 별들이 빛과 에너지를 방출하는 메커니즘을 규명하여 천체 물리학의 토대를 놓았다. 제2차 세계 대전 중에는 '맨해튼 프로젝트'의 이론 물리학 분야 책임자로 일하면서 원자 폭탄의 탄생에 기여했지만 이후 평생을 핵무기 확산을 막는 데 보냈다. 1967년 노벨 물리학상을 받았다.
알파-베타-감마 논문 1946년 가모브가 논문을 발표할 때 한스 베테는 그 연구에 실제로 참여하지 않았다. 그러나 가모브는 논문의 저자를 그리스 문자의 알파-베타-감마 순으로 만들기 위해 베테를 끼워 넣었다.

소)이 합성되는 것은 가능하지만, 그보다 무거운 원자핵까지 합성된다고 보는 것은 무리가 있다. 탄소는 헬륨 원자핵 3개가 동시에 만날 때에만 만들어질 수 있는데, 핵융합 반응의 조건을 갖추었던 우주의 처음 몇 분간 그러한 우연의 일치가 일어날 확률은 너무나 희박하다.

그렇다면 탄소는 어디에서 만들어진 것일까? 탄소는 별이 생긴 후 그 중심부에서 일어난 핵융합 반응을 통하여 만들진다. 가모브의 논문에 이름을 빌려 준 베테 역시 1939년 태양이 수소가 헬륨으로 융합되는 반응에서 에너지를 얻는다는 것을 증명한 바 있었다. 이는 빅뱅이 아니어도 원자핵의 합성이 가능하다는 뜻이었다.

그러나 빅뱅의 가장 강력한 비판자는 영국의 물리학자 프레드 호일*이었다. 호일이 주도한 천체 내 핵융합 이론은 주목할 만한 성공을 거두었다. 천체의 일생을 연구하는 천문학자들은 지금도 그 이론을 매일 이용하고 있다. 위에서 이야기한 바 있는 탄소의 생성 과정을 증명해 냄으로써 빅뱅이 아니어도 원자

● ● ●

프레드 호일(1915~2001) 영국의 천문학자로 1950년 '우주의 본질' 이라는 방송 강의에서 최초로 '빅뱅' 이라는 말을 사용했다. 하지만 그는 빅뱅 이론에 대항하여 '정상 우주론' 을 주장했다.

핵이 만들어질 수 있음을 보여 준 호일은 우주가 원래부터 오늘날 우리 눈에 보이는 것과 거의 비슷한 모습이었다고 주장했다. 이처럼 우주가 늘 같은 상태를 유지하며 결코 변하지 않는다는 생각을 **정상 우주론**이라고 하는데, 이는 다시 20년 가까이 사람들의 우주관을 지배했다.

한편, 호일은 유머 감각과 빈정거리는 재주에서 가모브 못지않았는데, "우주가 어느 날 갑자기 쾅(bang) 하고 대폭발을 일으켰다는 이론도 있더라."라고 비아냥거리면서 가모브를 비웃었다. '빅뱅 이론'이라는 말은 여기서 생겨난 것이다. 이름만 남긴 채 빅뱅 이론은 이와 같은 정상 우주론자들의 빈정거림 속에 또다시 묻혀 버렸다.

빅뱅 이론은 어떻게 승리했을까?

죽어서 땅에 묻혀 있던 빅뱅 이론은 1965년에 갑자기 다시 다시 무대에 등장한다. 그리고 몇 개월 만에 자신의 라이벌을 완벽하게 물리쳐 버린다. 도대체 어떤 일이 벌어진 것일까?

1960년대 중반에 이르자 정상 우주론은 뚜렷한 약점들을 하나둘씩 드러내기 시작했다. 그러자 미국의 물리학자 로버트 디

빅뱅이라는 용어는 호일이 가모브의 이론을 비웃으며 한 말에서 유래되었다.

키[●]를 비롯한 몇몇 과학자들은 그러한 결점을 수정하기 위하여 빅뱅 이론을 조심스럽게 다시 끄집어내기 시작했다. 탄소를 비롯한 무거운 원자핵들이 빅뱅이 아니라 별이 형성된 후에 그 내부에서 만들어진 것은 틀림없었다. 하지만 그렇다고 해서 수소나 헬륨이 빅뱅 직후에 만들어졌다는 사실까지 부인할 이유는 없지 않은가. 이러한 생각을 기반으로 그들은 빅뱅 당시에 우주가 초고온 상태에 있었다는 또 다른 증거를 찾아 나섰다. 그 결과 가모브의 '뜨거운' 우주 모델과 호일의 '차가운' 우주 모델이 한 가지 중요한 사실에서 결정적인 차이를 드러낸다는 것을 밝혀냈다. 우주 전역에서 관측되는 **우주 배경 복사**[●]가 있느냐 없느냐 하는 것이다.

우주 배경 복사는 **열복사**의 일종이다. 열복사란 아주 간단히 말하면 뜨거운 물체가 내놓는 빛이라고 할 수 있다. 뜨거운 물체에서 나왔다고 해서 열복사라는 이름이 붙은 것이다. 예를

● ● ●

로버트 디키(1916~1997) 미국의 물리학자. 물체의 중력 질량과 관성 질량의 같다는 아인슈타인의 등가 원리를 확인했고, 빅뱅의 흔적을 지금도 발견할 수 있을 만큼 우주 배경 복사가 전 우주에 퍼져 있다는 가설을 제기했다.
우주 배경 복사 흑체(모든 파장의 전자기파를 완전히 흡수하는 물체로 암흑체라고도 한다.)에서 방출되는 열복사를 흑체 복사라고 한다. 우주 배경 복사는 우주의 모든 곳에서 오는 2.7켈빈의 흑체 복사에 상당하는 복사를 말한다.

들면, 쇠는 차가울 때는 회색이지만, 열을 가하면 붉은색이 되고, 거기에 열을 더 가하면 노란색을 지나 파르스름한 흰색이 된다. 이는 쇠의 색깔이 온도를 표시하고 있음을 뜻한다.

그런데 실제로 열을 받은 물체는 한 가지 색, 한 가지 파장만을 내는 것이 아니라 모든 영역에 해당하는 색을 내놓는다. 쇠가 노란색으로 보이는 것은 노란색에서 그 세기가 최대이기 때문일 뿐이고, 노란색과 더불어 파란색과 붉은색 역시 조금씩은 나온다. 쇠의 온도가 내려가면 최대치 부분이 더 긴 파장 쪽으로 옮겨가기 때문에 파르스름한 흰색에서부터 노란색과 붉은색으로 바뀐다. 이처럼 물체의 온도와 최고 에너지를 갖는 파장의 관계를 멋지게 설명해 낸 사람이 독일의 물리학자 막스 플랑크°이다. 그리고 1900년에 그가 발표한 법칙을 플랑크 법칙이라고 한다.

물론 복사 에너지도 플랑크 법칙의 예외가 될 수 없다. 복사 에너지 역시 온도에 따라 파장 분포가 분명하게 달라지며, 최대 에너지를 가진 파장을 알면 그 온도를 알 수 있다.

● ● ●

막스 플랑크(1858~1947) 독일의 물리학자. 흑체 복사를 연구하던 중 에너지가 연속적인 양으로 방출될 경우 실험 사실과 일치하지 않는다는 것에서 출발하여 양자 물리학을 창시했다.

이제 빅뱅 이론의 틀에서 다시 우주 배경 복사를 이야기해 보자.

빅뱅 이론에 따르면 모든 물질은 한때 대단히 뜨거웠다. 그 때 물질은 쇠와 마찬가지로 복사 에너지를 내놓고, 자신의 열 복사 안에 잠겨 있었다. 이 복사 에너지의 최댓값은 물질이 식 어 감에 따라 점점 더 긴 파장 쪽으로 옮겨간다. 하지만 그 에 너지 자체가 갑자기 사라질 이유는 전혀 없으므로 현재까지도 어디엔가 남아 있어야 한다. 또 그것이 빅뱅으로 인한 것이라 면 공간 전체에 균일해야 하므로 어떤 방향에서든 그 세기가 똑같이 나타나야 한다. 이러한 성질을 **등방성**이라고 한다.

이러한 맥락에서 1949년 랠프 알퍼와 로버트 허먼*은 가모 브의 우주 모델이 맞는다면 등방성을 띠는 열복사가 존재할 것 이라고 예측했으며, 그 열복사의 현재 온도는 대략 섭씨 영하 268도 정도일 거라고 계산해 냈다. 이 온도가 맞는다면, 그 복 사 에너지는 밀리미터파* 영역에 속한다.

● ● ●

로버트 허먼(1914~1997) 미국의 물리학자. 랠프 알퍼와 함께 초기 우주의 흔적 인 우주 배경 복사의 존재와 그 온도를 예측했다.
밀리미터파 파장 1~10나노미터, 주파수 3만~30만 헤르츠인 전자기파로 빛에 가까운 성질을 갖고 있다.

알퍼와 허먼의 연구에 대하여 전혀 모르고 있었으나 로버트 디키의 연구팀 역시 가모브의 모델을 검토한 끝에 같은 결론에 이르렀으며, 곧바로 그 복사 에너지를 찾아낼 수 있는 탐지기 제작에 들어갔다. 그런데 디키 연구팀의 작업이 미처 마무리되지 않았던 1965년 미국 벨 전화 연구소의 아노 펜지어스*와 로버트 윌슨*이 섭씨 영하 270도에 가까운 온도를 가진 등방성을 띠는 복사 에너지를 우연히 발견한다. 무선 통신을 방해하는 전파 신호를 찾던 중 예측하지 못했던 신호가 사방에서 들어오는 것을 발견한 것이다. 이 신호가 바로 우주에서 오는 복사 에너지였다.

이야기를 전해 들은 디키는 곧바로 이 에너지의 정체를 알 수 있었고, 그 현상을 설명할 수 있는 것은 오로지 빅뱅 이론밖에 없다는 결론에 이르렀다. 정상 우주론에서는 이런 종류의 복사 에너지가 있다는 사실을 전혀 설명할 수 없었던 것이다.

● ● ●

아노 펜지어스(1933~) 독일 태생의 미국 천체 물리학자. 빅뱅의 증거가 되는 우주의 복사 에너지를 발견하여 1978년 벨 전화 연구소의 동료 로버트 윌슨과 함께 노벨 물리학상을 받았다.
로버트 윌슨(1936~) 미국의 물리학자. 마이크로파 탐지 실험을 하던 중 우연히 우주의 모든 방향에서 관측되는 복사선, 즉 우주 배경 복사를 발견하여 1978년 펜지어스와 공동으로 노벨 물리학상을 받았다.

우주란 과거에도 현재의 모습과 결코 많이 다르지 않았다고 봤으니까 말이다. 정상 우주론의 주창자들은 그 이후 다양한 근원으로부터 나오는 복사 에너지를 이리저리 짜 맞추면서 정상 우주론의 새로운 문제를 해결하려고 했지만, 결국 모두 과학적 근거가 없는 것으로 드러났다. 빅뱅 이론이 마침내 승리를 거둔 것이다.

4

빅뱅 이론은
영원할까?

빅뱅 이론, 어디까지 왔는가?

빅뱅 이론은 현재 어디까지 발전해 있을까? 앞에서 살펴보았듯이, 빅뱅 이론은 서로 독립된 다음과 같은 세 가지 사실에 근거하고 있다.

첫째, 은하들이 적색 편이를 보인다.

둘째, 자연 상태에서 발견되는 원소들의 비율이 우주 어디에서나 비슷하다.

셋째, 밀리미터파의 열복사가 발견된다.

허블의 법칙은 은하의 거리와 적색 편이 사이에 상관관계가 있다고 주장한다. 오늘날에는 허블이 처음으로 이 법칙을 발표했을 때에 비하여 1000배나 더 먼 곳에 있는 수만 개의 은하들을 관측할 수 있다. 그 덕분에 허블의 법칙은 이제 완벽하게 기정사실이 되었다.

현재 물리학자들은 더 넓은 우주를 대상으로 할 경우에는 혹시 허블의 법칙이 어긋나지는 않을까 하는 질문에 관심이 있다. 멀리 있는 은하들은 우주의 옛 모습, 즉 그 팽창 속도가 지금과 같지 않았음이 분명한 시기의 모습을 우리에게 보여 주기 때문이다. 그렇다면 당시에는 적색 편이가 은하의 거리에 비례하지 않았을 수도 있고 우주 팽창 속도의 감소 또는 증가를 의미하는 다른 해석이 필요할지도 모른다.

1999년 먼 우주에서 관측된 초신성 하나가 천체 물리학자들의 대단한 주목을 받았다. 초신성은 항성 진화의 마지막 단계에 해당하는 별이다. 초신성은 우주에서 가장 밝은 물체 중 하나에 속하며 아주 먼 우주에서도 보인다. 지금까지 관측된 것 중 가장 멀리 있는 초신성은 거리가 현재보다 3배 더 가까웠던 때에 폭발한 것이다. 이는 먼 과거의 우주 팽창 속도가 현재보다 느렸다는 사실을 보여 준다. 그것을 어떻게 알 수 있을까?

초신성은 밝기가 일정하기 때문에 그 밝기를 관측하면 초신성까지의 거리를 계산할 수 있다. 또한 은하의 경우와 마찬가지로, 초신성 역시 적색 편이를 통해 그 후퇴 속도를 알아낼 수 있다. 먼 곳에 있는 초신성의 후퇴 속도가 가까운 곳에 있는 초신성이나 은하의 후퇴 속도보다 느리게 나타난다면, 그것은 과거의 후퇴 속도가 현재의 후퇴 속도보다 느리다는 것을 뜻한다. 이러한 사실은 우주의 팽창 속도가 점점 빨라지고 있음을 입증하는 강력한 증거이다.

그런데 우주의 팽창 속도가 점점 빨라진다는 것은 물질이 서로를 끌어당겨 우주의 팽창 속도를 줄어들게 한다는 물리 법칙에 위배된다. 다시 말해서 이것이 사실이라면, 우주의 팽창 속도를 늘려 주는 어떤 우주 상수가 존재해야만 한다. 결국 아인슈타인이 옳았던 셈이다.

천문학자들을 난처하게 하는 것은 우주의 팽창 속도가 아주 천천히 늘어난다는 것이다. 이는 현재의 우주 상수가 물질에 작용하는 중력과 거의 같은 값을 가지고 있음을 뜻한다. 그런데 우주 물질의 밀도는 감소하는 반면 우주 상수가 그대로라면 어떻게 될까? 어쩌면 그 두 값이 커다란 차이를 보이는 순간이 올지도 모른다. 어쨌든 천문학자들은 우연의 일치 따위에 혐의를 돌리는 일 따위는 형사들보다 더 좋아하지 않는 사람들이라서 우주 상수의 성질을 밝혀내는 데 온힘을 기울이고 있다. 그러나 아직은 그 실체가 의심스러운 상태라서 거기에 **암흑 에너지**라는 불분명한 이름을 붙여 놓고 있다. 오늘날 천체 물리학에서 가장 중요하게 연구되는 주제 중 하나가 암흑 에너지이다.

한편, 1960년대 중반 빅뱅 이론이 거의 정설처럼 받아들여지자 천문학자들은 가모브의 문제 의식을 계승하여 우주가 만들어졌을 당시의 원자핵 합성 과정을 알아내고자 했다. 아이러니하게도 호일의 천체 핵융합 이론이 이 분야 연구의 길잡이가 되었다. 이는 빅뱅 당시에 생성된 물질을 추적하는 것이기도 했다.

우선, 천문학자들은 빅뱅 이론에 따른 우주 모델이 우주 공간에 헬륨의 양이 상당히 많을 것으로 가정하고 있다는 사실에 주목했다. 우주 공간에 헬륨이 그만큼 많이 존재하려면, 그때까지 알려진 두 가지 종류의 중성미자* 말고 한 가지 중성미자가 더 있어야만 했다. 중성미자는 다른 입자와 거의 상호작용을 하지 않기 때문에 검출하는 데에도, 성질을 밝히는 데에도

● ● ●

중성미자 뉴트리노라고도 한다. 중성자가 양성자와 전자로 붕괴될 때 생기는 소립자로 전하가 없으며, 질량이 극히 작다. 전자 중성미자, 뮤온 중성미자, 타우 중성미자 등 세 종류가 있다. 전자 중성미자는 1930년 오스트리아의 물리학자 볼프강 파울리가 최초로 제안했다. 원자핵의 베타 붕괴 과정을 에너지와 운동량 보존 법칙에 맞추기 위해서였다. 1934년에 엔리코 페르미가 그 입자에 중성미자라는 이름을 붙였으며, 1956년 라이너스와 코언이 최초로 관측했다. 1962년에는 잭 스타인버그, 레온 레더먼, 멜빈 슈바르츠가 뮤온 중성미자를 발견했으며, 마틴 펄은 1974~1977년에 걸친 일련의 실험을 통하여 타우 중성미자를 발견했다.

어려움이 있어 수수께끼의 입자로 불린다. 중성미자는 모든 물질의 원자핵 붕괴 과정에서 방출되는 기본 입자이다. 따라서 만약 빅뱅 당시의 핵융합에 의해서 헬륨이 많이 만들어졌다면 중성미자의 양 역시 많이 발견되어야 한다. 세 번째 중성미자가 좀처럼 발견되지 않자 사람들은 한때 빅뱅 이론이 잘못된 것이 아닌가 하고 생각하기도 했다. 하지만 결국 1970년대 중반 마지막 중성미자인 타우 중성미자가 발견되면서 빅뱅 이론이 옳다는 것을 다시 한 번 확인해 주었다.

한편, 빅뱅의 증거를 중수소나 리튬* 같은 원자핵들로부터 유추할 수도 있다. 이 원자핵들은 몹시 불안정해서 자연 상태에서는 그 자체로 존재하기 어려우며, 우주 전체에서도 매우 드물게 나타나기 때문이다. 빅뱅 이론이 예측한 리튬의 양에 맞추려면 당시까지 사람들이 은하에서 관측한 것보다 수소가 10배는 더 많이 존재해야 했다. 빅뱅에 반대하는 사람들은 그것이 이론이 틀렸다는 증거라고 했고, 빅뱅 이론을 지지하는 사람들은 우주에 있는 수소 대부분이 눈에 띄지 않는 형태로 존재하는 것일 뿐이라고 생각했다. 1990년대에 이르러 X선*

● ● ●

리튬 원자 번호 3번인 알칼리 금속 원소.

관측 위성을 통하여 은하단이 거대하고 묽은 수소 구름 같은 것에 잠겨 있다는 사실이 발견되었다. 온도가 섭씨 수백만 도에 달하는 그 수소 구름은 가시광선*이 아니라 X선을 내놓고 있었기 때문에 그전에는 발견되지 않았던 것이다. 은하단에 퍼져 있는 기체의 양은 빅뱅 이론에 따라 예상할 수 있는 것과 거의 정확히 일치했고, 덕분에 빅뱅 이론은 또다시 추락 위기를 넘길 수 있었다.

빅뱅 이론이 예측한 기체의 양은 한편 우주 배경 복사의 관측을 통해 별도로 확인되기도 했다. 천체 물리학에서는 최근 우주 배경 복사의 관측이 우주 연구의 주된 방법 중 하나가 될 만큼 비약적으로 발전해 왔다. 하지만 우주 배경 복사의 스펙트럼 역시 플랑크의 법칙을 충실하게 따르고 있음을 확인할 때까지는 여러 해가 걸렸는데, 1989년 미국 항공 우주국이 발사한 코비 위성의 관측 결과가 아주 결정적인 역할을 했다. 우주 공간에서 우주 배경 복사의 전체 스펙트럼을 측정하는 데 성공했기 때문이었다.

● ● ●

X선 고속 전자가 중금속 같은 장벽에 급격하게 부딪쳐 발생하는 짧은 파장의 전자기파.
가시광선 전자기파 중에서 사람이 눈으로 관측 가능한 범위의 파장.

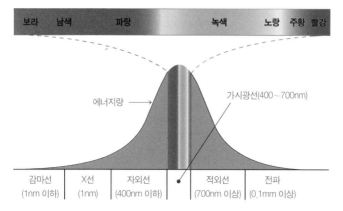

| 감마선 | X선 | 자외선 | | 적외선 | 전파 |
| (1nm 이하) | (1nm) | (400nm 이하) | | (700nm 이상) | (0.1mm 이상) |

※나노미터(nm): 1/10억 미터

전자기파의 종류

실제로 코비 위성이 측정한 스펙트럼은 플랑크가 말한 것과 아주 약간 차이를 보인다. 이는 천문학자들이 오래전부터 기대해 왔던 결과였다.

수십억 년 전에 방출된 우주 복사 에너지는 우리에게 도착하기 전에 우주 대부분을 돌아다녔고, 도중에 마주치는 물질과 필연적으로 상호작용을 한다. 그러한 상호작용은 복사 에너지의 원래 성질에 아주 미미한 변화를 유발한다. 오늘날 우리는 그 변화를 측정함으로써 복사 에너지가 과거에 어떤 물질과 상호작용 했는지를 알 수 있으며, 이를 우주 연구를 위한 일종의 견본으로 활용하고 있다.

우주의 열복사를 중요 도구로 활용하는 두 번째 방법은 그 세기 변화에 주목하는 것이다. 우주 복사 에너지가 완전한 등방성을 보이지는 않기 때문이다. 우주 복사 에너지는 방향에 따라 10만분의 1 정도 차이를 보인다. 이렇듯 약간의 불규칙함이 나타나는 것은 우주가 완벽하게 균일하지 않다는 것, 즉 어떤 영역은 밀도가 아주 약간 더 높으면서 온도가 더 높고, 어떤 영역은 밀도가 더 낮고 온도도 더 낮다는 것을 가르쳐 준다.

이러한 밀도 차이가 왜 나타나는가 하는 것은 일반 상대성 이론과 양자 역학을 결합한 차원에서 찾아야 하는데, 이는 현재 천체 물리학의 주요 연구 과제이기도 하다. 영역에 따라 밀도와 온도가 작게나마 차이나는 것은 공간의 만곡, 우주 안에 있는 물질의 양, 그리고 그 성질에 대한 정보를 제공해 주며, 현재 암흑 에너지와 암흑 물질을 뒷받침할 수 있는 근거 중의 하나로 제시되고 있다.

그렇다면 심심치 않게 신문 지상을 오르내리는 **암흑 물질**은 도대체 무엇일까?

은하 또는 은하단의 행태, 은하단의 X선 방출, 은하단에 의한 빛의 이탈 등과 같은 수많은 사실들은 실제로 우주를 구성

하는 물질의 상당 부분이 빛을 내지 않는다는 것을 보여 준다.

앞에서 보았듯이 수소의 경우에는 겨우 10퍼센트만이 별과 은하 내부에 존재하고, 나머지는 X선만을 내놓는 초고온 기체 형태로 은하와 은하 사이에 존재한다. 하지만 그것만으로는 부족하다. 그 모두를 합쳐도 은하단 전체 질량의 20퍼센트밖에 채울 수가 없으니까 말이다. 그래서 학자들은 아직은 우주 공간에서 확실히 발견되지 않은 나머지 80퍼센트의 질량을 차지하는 물질에 암흑 물질이라는 이름을 붙여 줌으로써 이 문제를 해결하고자 했다.

천문학자들에게 암흑 물질의 설정은 대단한 희소식에 해당한다. 암흑 물질 없이는 은하의 구성이 제대로 이해되지 않기 때문이다. 천문학자들에 따르면, 밀도가 높은 영역의 우세한 중력이 밀도가 낮은 영역의 물질을 끌어당긴다. 그 결과 밀도 차이가 더 커짐에 따라 더 많은 물질들이 밀도가 높은 영역으로 이동한다. 이러한 과정이 수십억 년 동안 계속된 끝에 밀도가 높은 영역은 은하가 되고, 밀도가 낮은 영역은 은하와 은하 사이를 채우고 있는 빈 공간이 된 것이다.

이러한 은하 탄생의 메커니즘에 따르면, 물질의 양이 충분히 많을수록 물질로 가득 찬 영역과 물질이 텅 비어 있는 공간의 차이가 더 빨리 커지게 된다. 빅뱅에서부터 지금까지 150억 년 만에 우주가 현재와 같은 모습이 되기에는 수소의 양만으로는 충분하지 않다. 이 짧은 시간 안에 현재와 같은 우주가 되려면 수소 말고도 질량의 대부분을 차지하는 암흑 물질이 우주 공간에 널리 퍼져 있어야만 하는 것이다.

한편, 물리학자들은 암흑 물질을 지금까지 발견되지 않은 새로운 종류의 기본 입자로 보고 지구에서, 그리고 실험실에서 찾아내고자 하고 있다.

결국 현재 우리는 우주 에너지의 70퍼센트는 그 성질이 알려지지 않은 암흑 에너지이고, 나머지 30퍼센트의 80퍼센트 역시 알려지지 않은 암흑 물질로 이루어진 그런 우주 모델을 갖고 있는 셈이다. 아직까지 우주에 대하여 아는 것이 그다지 많지 않은 것이다. 이러한 상황은 연구자들의 호기심을 한없이 자극한다.

빅뱅을 믿을 수 있을까?

위에서 보았듯이 우리가 우주에 대해서 아는 것이 조금밖에 없다는 것이 밝혀졌는데도 빅뱅 이론을 신뢰할 수 있을까? 혹시 암흑 물질이나 암흑 에너지의 정체가 밝혀지고 나면 전혀 다른 우주론의 길이 열리지는 않을까?

이 질문에 대한 대답은 긍정일 수도 있고, 부정일 수도 있다. 빅뱅 이론은 우주가 150억 년 전부터 팽창하면서 식어 가고 있다고 말하는 이론일 뿐이다. 현재로는 이것만은 확실하다고 할 수 있다. 하지만 빅뱅에서부터 나온 수많은 야심 찬 이론들에 대해서는 조금 더 신중을 기해 지켜볼 필요가 있다.

'왕실 천문대장'이라는 다소 예스러운 직위를 가지고 있는 영국의 천체 물리학자 마틴 리스*는 「우주론자의 믿음」에서 이를 잘 표현하고 있다. 한 행에서 다음 행으로 넘어갈수록 그에 대한 확신이 점점 더 약해진다고 보면 된다.

우리 우주는 팽창하고 있다.

그것은 뜨거운 빅뱅 이후였으며,

빅뱅에서 가벼운 원소들의 합성이 이루어졌다.

은하는 우주가 균일하지 않기 때문에 생겨나는 것이고,

우주가 균일하지 않은 것은 양자 차원의 증감에 따른 결과

● ● ●

마틴 리스(1942~) 영국의 천체 물리학자. 우주 배경 복사, 감마선 폭발, 퀘이사, 은하 형성 등의 이해에 관한 중요한 진보에 기여했다. 우주의 복잡성을 푸는 놀랄 만한 직관으로 유명하다.

우리 우주가 팽창하고 있다는 사실은 밝혀졌지만,
우주론은 고정된 교리가 아니라 아직도 진화하고 있다.

이다.

은하는 자체의 역학을 따르는데,

이 역학은 암흑 물질에 의해 지배된다.

그러나 우주 상수 역시

우주를 역학적으로 지배하고 있다.

우주론이란 고정된 교리 같은 것이 아니다. 다른 모든 과학과 마찬가지로 우주론은 가설을 세우고, 관측을 통해 그 결과가 맞는지를 검토하며, 필요할 경우 가설을 수정한다. 1965년에 빅뱅 이론이 부활한 것도 그러한 과정을 따른 것이며, 1980년 무렵에 암흑 물질이 도입된 것이나 1999년에 우주 상수가 다시 등장한 것 역시 마찬가지다. 물론 과거에도 그랬던 것처럼 빅뱅 이론을 믿기에 앞서 그 약점에 해당하는 사실들 전체를 계속해서 세심하게 검증해야 한다.

우주론을 놓고 볼 때, 우리는 현재 엄청나게 혼란스러운 시기를 살아간다고 할 수 있다. 관측 사실들이 점점 많아지고 점점 정확해지고 있기 때문이다. 그러한 사실들은 빅뱅 이론이 얼마나 앞뒤가 맞는지를 확인할 수 있게 해 주는 동시에 빅뱅 이론을 우주 연구의 도구로서 더 많이 사용할 수 있도록 뒷받침한다는 점에서 하나도 놓칠 수 없다.

한편으로는 일반 상대성 이론과 양자 역학을 결합함으로써 초기 특이점에 대한 이해를 높이려는 이론들 역시 점차 꽃피워 가고 있다. 그 모두가 옳을 수는 없겠지만, 그처럼 이론들이 쏟아져 나온다는 것은 그 분야에 대한 연구가 얼마나 활발하게 이루어지는가를 잘 보여 주고 있다.

빅뱅 이론은 완전히 끝난 이론이 아니다. 잘못된 이론으로 역사 속에 묻히지 않았다는 의미에서도, 앞으로 더 많은 보완이 이루어질 것이라는 의미에서도 말이다.

더 읽어 볼 책들

- 박석재, 『별과 은하와 우주가 진화하는 원리』(성우, 2005).

- 이영욱, 『우주 그리고 인간』(동아일보사, 2000).

- 조경철, 『청소년이 꼭 알아야 할 대우주 이야기』(서해문집, 2000).

- 데이비드 필킨, 동아 사이언스 옮김, 『스티븐 호킹의 우주』(성우, 2001).

- 마틴 리스, 김재영 옮김, 『우주가 지금과 다르게 생성될 수 있었을까?』(이제이북스, 2004).

- 마틴 리스, 한창우 옮김, 『태초 그 이전』(해나무, 2003).

- 스티븐 와인버그, 신상진 옮김, 『최초의 3분』(양문, 2005).

- 아미르 D. 액설, 김희봉 옮김, 『신의 방정식』(지호, 2002).

- 재너 레빈, 이경아 옮김, 『우주의 점』(한승, 2003).

- 케네스 C. 데이비스, 노태영 옮김, 『울퉁하고 불퉁한 우주 이야기』(푸른숲, 2004).

논술·구술 시험은 논리적이고 종합적인 사고를 요구한다. 다음에 제시된 문제는 이 책의 주제와 연관이 있는 논술·구술 기출 문제이다. 이 책을 통하여 습득한 과학적 지식과 원리, 입체적이고 논리적인 접근 방식을 활용하여 스스로 문제에 답해 보자.

▶ 빅뱅에 대해 설명해 보라.

▶ 우주의 온도는 몇 도인가?

▶ 빛의 파장을 길이 순서대로 말하시오.

옮긴이 | 김성희

부산대 불어교육과 및 동대학원을 졸업했으며 현재 전문 번역가로 활동 중이다.

민음 바칼로레아 14

빅뱅은 정말로 있었을까?

2판 1쇄 펴냄 2021년 3월 30일
2판 5쇄 펴냄 2024년 8월 8일

1판 1쇄 펴냄 2006년 1월 26일
1판 3쇄 펴냄 2009년 4월 7일

지은이 | 알랭 부케
감수자 | 곽영직
옮긴이 | 김성희
발행인 | 박근섭
펴낸곳 | ㈜민음인

출판등록 | 2009. 10. 8 (제2009-000273호)
주소 | 06027 서울 강남구 도산대로 1길 62 강남출판문화센터 5층
전화 | 영업부 515-2000 편집부 3446-8774 **팩시밀리** 515-2007
홈페이지 | minumin.minumsa.com

도서 파본 등의 이유로 반송이 필요할 경우에는 구매처에서 교환하시고
출판사 교환이 필요할 경우에는 아래 주소로 반송 사유를 적어 도서와 함께 보내주세요.
06027 서울 강남구 도산대로 1길 62 강남출판문화센터 6층 민음인 마케팅부

한국어판 © ㈜민음인, 2006. Printed in Seoul, Korea
ISBN 979 11-5888-776-6 04000
ISBN 979 11-5888-823-7 04000(set)

㈜민음인은 민음사 출판 그룹의 자회사입니다.